Recepti z rumom 2023 za vse

Recepti za presenečenje prijateljev!

Primož Vidmar

KAZALO

NETOPIRJEV UGRIZ

1¼ oz. Srebrni rum Bacardi

¾ skodelice brusničnega soka

1 rezina limete ali limone

Prvi dve sestavini nalijte v 10-oz. steklo nad ledom. Stisnite in dodajte rezino limete ali limone. Premešamo in postrežemo.

BLONDINKA NA PLAŽI

2 oz. Wray & Nephew rum

½ oz. Warninks Advocaat

½ oz. sveže stisnjen pomarančni sok

1 olupljena banana

rezina banane za okras

Vse sestavine zmešajte z merico zdrobljenega ledu in nalijte v kozarec Collins. Okrasite z rezino banane.

HLADILNIK NA PLAŽI

¾ oz. lahki rum

1¼ oz. Irska krema

¼ oz. bananin liker

1½ oz. Coco Lopez prava kokosova krema

¼ oz. banana

2 kepici vanilijevega sladoleda

češnja maraskino za okras

Okrasite z maraskino češnjo.

ZABAVA NA PLAŽI

1¼ oz. Bacardi svetel ali temen rum

1 oz. ananasov sok

1 oz. pomarančni sok

1 oz. Roseina grenadina

Mešajte.

BEACHCOMBER

1½ oz. Portoriški beli rum

¾ oz. Rosein limetin sok

¼ OZ. trojna sekunda

dash maraskino liker

Stresite.

BEACHCOMBER'S GOLDDUST

1½ oz. lahki rum

1 oz. sok limete

½ oz. trojna sekunda

1 oz. Coco Lopez prava kokosova krema

½ žličke sladkor

Mešajte.

BEACHCOMBER'S SPECIAL

1½ oz. Bacardi lahki rum

½ oz. pomarančni curacao

¾ oz. limonin ali limetin sok

¼ žličke sladkor (neobvezno)

Zmešajte z zdrobljenim ledom.

KOKTAJL BEE BITE

1 oz. lahki rum

sok 2 limet

2 oz. pomarančni sok

2 žlički grenadin

Zmešajte z zdrobljenim ledom.

ČEBELJI POLJUB

1 oz. Portoriški beli rum

¼ oz. Myersov temni rum

¾ oz. krema

2 žlici. med

Stresite.

BELLA DONNA

1 oz. Goslingov rum Black Seal

1 oz. Disaronno amaretto

2 žlici. sveža kisla mešanica (zmešajte po 1 žlico: sladkor, vodo, limonin sok, limetin sok)

Kozarec za martini z obrobo z mešanico sladkorja. Pretresite z ledom. Precedite v kozarec in postrezite.

Iz hotela Las Vegas Bellagio.

BERMUDSKE SANJE

2 oz. Goslingov rum Black Seal

2 oz. Navan vanilijev liker

2 oz. pomarančni sok

1 merica šerbeta ali pomarančnega zvitka za okras

Močno pretresite z ledom in precedite v kozarec za martini. Okrasite z majhno zajemalko šerbeta ali pomarančnega zvitka.

BERMUDSKI TRIKOTNIK

1½ oz. Vrhunski vanilijev rum Admiral Nelson

2 oz. brusnični sok

2 oz. pomarančni sok

pomarančna rezina za okras

Nežno premešajte nad ledom in okrasite z rezino sveže pomaranče.

BERMUDEC

2 oz. Gosling's Gold Bermuda rum

2 oz. ananasov sok

¼ oz. Grand Marnier

2 lista sveže mete, natrgana

limetin zvitek za okras

Močno pretresite in precedite v kozarec za martini. Okrasite s preobleko limete.

JAGODIČJE S SMETO

½ oz. Captain Morgan Original začinjen rum

¾ oz. žganje iz gozdnih jagod

3 oz. mešanica jagodnega koktajla

2 žlici. maline ali jagode v sirupu

2 oz. polnomastna smetana

16 oz. žlica zdrobljenega ledu

BERRY VESEL BOŽIČ

1 oz. RedRum

½ oz. robidovo žganje

5 oz. topla voda

½ oz. limonin sok

¼ oz. grenadin

1 cimetova palčka

Zmešajte prvih pet sestavin v skodelici in premešajte s cimetovo palčko.

MED RJUHAMI

½ oz. Pyrat XO Reserve rum

¼ oz. Citronge

½ oz. Konjak VSOP-Slog

1 oz. sveža sladko-kisla mešanica

limonin zvitek za okras

sladkorja na rob stekla

Pretresite in postrezite naravnost v kozarcu s sladkornim robom. Okrasite z limoninim zvitkom.

VELIKA LJUBEZENSKA PESEM IZ BAMBUSA

2 oz. Whaler's Rare Reserve rum

1 oz. Whalers's Great White rum

½ oz. trojna sekunda

1 oz. ananasov sok

1 oz. pomarančni sok

1 oz. sok limete

¾ oz. sadni sirup

Dobro pretresite z ledom in nalijte v kozarec Collins.

DEKLETA BIGWOOD

¾ oz. Portoriški lahki rum

½ oz. žganje

½ oz. Cointreau ali triple sec

½ oz. limonin sok

Stresite.

BIKINI DAIQUIRI

¾ oz. Ananasov rum Cruzan

¾ oz. Bananin rum Cruzan

2 oz. Coco Lopez prava kokosova krema

1 oz. sok limete

Zmešajte z zdrobljenim ledom.

ČRNA LEPOTA

1½ oz. Goslingov rum Black Seal

2–3 zrele robide

sok ½ limete

1 kocka sladkorja

2 pomišljaja grenčice Peychaud

2–3 oz. soda voda

Zmešajte robide, kocko sladkorja, grenčico in limetin sok. Dodajte rum Gosling's Black Seal in pretresite z ledom. Precedite v kozarec nad svežim ledom in prelijte s soda vodo.

Ustvaril Old Sealbach Bar.

ČRNI HUDIČ

1½ oz. Portoriški lahki rum

½ oz. suhi vermut

1 izkoščičena črna oliva

Dobro premešamo.

ČRNI SLON

1 oz. Goslingov rum Black Seal

1 oz. Kremni liker Amarula

Prelijemo čez led in premešamo.

BLACK JACK

Enaki deli:

Goslingov rum Black Seal

Jack Daniels, ohlajen

ČRNA MARIJA

1 oz. Myersov temni rum

¾ oz. Tia Marija

1 čajna žlička sladkor

1 skodelica hladne kave

limonina lupina

Mešajte.

BLACK SEAL RUM RUNNER

1¼ oz. Goslingov rum Black Seal

¾ oz. robidov liker

1 oz. bananin liker

¾ oz. grenadin

½ oz. sok limete

Zmešajte z zdrobljenim ledom.

BLIGHTER BOB

1 oz. Portoriški lahki rum

½ oz. Portoriški temni rum

½ oz. créme de cassis

1 oz. pomarančni sok

2 črti pomarančne grenčice

2 oz. ingverjevo pivo

limonin zvitek

Mešajte.

BLING BLING

1 oz. RedRum

1 oz. Hypnotiq

2 oz. ananasov sok

2 oz. 7UP

Pretresite z ledom in precedite v kozarec.

MODRA HAVAJKA

1 oz. Tommy Bahama White Sand rum

1 oz. modri curacao

2 oz. ananasov sok

1 oz. kokosovo smetano

rezina ananasa za okras

češnja maraskino za okras

Zmešajte z merico zdrobljenega ledu, dokler ni gladka. Precedimo v kozarec. Okrasite z rezino svežega ananasa in češnjo maraskino.

MODRA NEBESA

1 oz. lahki rum

1 oz. Hiram Walker blue curacao

1 oz. ananasov sok

1 čajna žlička Coco Lopez prava kokosova krema

Zmešajte z zdrobljenim ledom.

MODRA LAGUNA

1½ oz. Appleton Estate V/X jamajški rum

4 oz. brusnični sok

rezina limone za okras

Premešamo z zdrobljenim ledom. Postrezite v kozarcu za koktajl in okrasite z rezino limone.

MODRI KUŠČAR

2 oz. Citrusni rum Cruzan

¾ oz. modri curacao

¼ oz. sladka in kisla mešanica

¼ oz. Sprite ali 7UP

Prvi dve sestavini nalijte v kozarec nad ledom. Dodajte sladko in kislo ter Sprite ali 7UP. Premešamo in postrežemo.

MODRI MARLIN

1 shot blue curaçao

1 žoga ruma Whaler's Great White

4 oz. mešanica limone in limete

rezina limete za okras

Dobro pretresite nad ledom in precedite v ohlajen kozarec. Okrasite z rezino limete.

MODRA STRAST

¾ oz. Captain Morgan Original začinjen rum

½ oz. modri curacao

4 oz. sladka in kisla mešanica

rezina ananasa za okras

Dobro pretresite z 8-oz. merico zdrobljenega ledu in postrezite v kozarcu Collins. Okrasite z rezino ananasa.

MODRO NEBO

¾ oz. Bacardi lahki rum

1½ oz. Kanadska meglica

¾ oz. modri curacao

8 oz. ananasov sok

pomarančna rezina za okras

češnja maraskino za okras

Zmešajte z zdrobljenim ledom. Okrasite z rezino pomaranče in češnjo maraskino.

MODRI SONČNI ZAHOD

2 oz. Whalerjev rum Pineapple Paradise

2 oz. ananasov sok

½ oz. modri curacao

Dobro pretresite in postrezite v kozarcu za martini.

MODRA URA

¾ oz. Captain Morgan Original začinjen rum

½ oz. modri curacao

4 oz. ingverjevo pivo

Prelijte kamne v staromodnem kozarcu. Rahlo premešamo.

BOB JE TVOJ STRIC

2 oz. Wray & Nephew rum

½ oz. Frangelico

½ oz. Alkohol Cuarenta Tres

¼ oz. Tekoča čokolada Funkin

¼ oz. beli čokoladni liker Mozart

bela čokolada za okras

Čipkast kozarec za hlajenje koktajlov z belim čokoladnim likerjem Mozart. Vse ostale sestavine pretresite in prelijte v koktajl s čokoladnim likerjem Mozart. Okrasite z belo čokolado.

BODEGA

2 oz. 10 trsnega ruma

2 oz. Coco Lopez prava kokosova krema

2 oz. mangov nektar

2 oz. guava nektar

Združite vse sestavine v kozarcu za mešanje. Dodajte led in močno pretresite. Precedite v ohlajen klasični kozarec za daiquiri. Lahko ga postrežete tudi nepasiranega v rocks kozarcu.

Ustvaril: Robert Ryan, newyorški miksolog.

BOGARTOVA AFRIŠKA KRALJICA

3 oz. Afriški rum Starr

3 oz. Pasijonka Alizé

Dobro pretresite nad ledom in precedite v kozarec za martini.

BOLERO

1½ oz. Rhum Barbancourt

½ oz. Calvados

2 žlički sladki vermut

dash bitters

Mešajte. Postrezite naravnost ali na skalah.

BONBINI

1 oz. Bacardi svetel ali temen rum

¼ oz. Hiram Walker oranžna curaçao

2 pomišljaja grenčice Angostura

Mešajte.

TRESALEC ZA KOSTI

2 oz. VooDoo začinjen rum

½ oz. trojna sekunda

½ oz. sok limete

3 oz. ananasov sok

rezina limete za okras

Zmešajte z zdrobljenim ledom. Okrasite z rezino limete.

BONGO BOBEN

1 oz. Bacardi lahki rum

¼ oz. Hiram Walker žganje z okusom robide

ananasov sok za polnjenje

V visok kozarec, do polovice napolnjen z ledom, nalijemo rum. Napolnite z ananasovim sokom. Na vrh nalijemo žganje.

BONSAJ KOLADA

3 oz. Whalerjev rum Pineapple Paradise

1 oz. Burnettova pomarančna vodka

1 oz. kokosovo smetano

rezina ananasa za okras

Pretresite z ledom in precedite ali nalijte v hurricane kozarec. Okrasite z rezino ananasa.

BORINKA

1½ oz. lahki rum

1 žlica sirup iz pasijonke

1 oz. sok limete

1 oz. pomarančni sok

1 čajna žlička 151-odporni rum

Pri nizki hitrosti mešajte s ½ skodelice zdrobljenega ledu. Nalijte v starinski kozarec.

BOSSA NOVA

2 oz. temni rum

1½ oz. Liquore Galliano

1 oz. marelično žganje

3 oz. sok iz pasijonke

BOSTON BREEZE

1¼ oz. rum

1 oz. Coco Lopez prava kokosova krema

3 oz. koktajl z brusničnim sokom

Zmešajte z zdrobljenim ledom.

BOSTON HLADILNIK

2 oz. lahki rum

sok ½ limone

1 čajna žlička sladkor v prahu

2 oz. klubska soda

klubska soda ali ingverjevo pivo za polnjenje

pomarančna spirala ali limonina lupina za okras

Prve tri sestavine nalijte v kozarec Collins in premešajte. Napolnite z zdrobljenim ledom in dodajte rum. Napolnite s sodo ali ingverjevim pivom in ponovno premešajte. Okrasite s spiralo pomarančne ali limonine lupinice in obesite konec na rob kozarca.

BOSTON PRIKOLICO

¾ oz. lahki rum

¾ oz. žganje

¾ oz. trojna sekunda

sok ½ limete

Pretresite z ledom in precedite v kozarec za koktajl.

POPOLNOMA NOVA TETOVAŽA

2 oz. Začimbni rum Sailor Jerry Navy

7UP za polnjenje

poškropite pomarančni sok

V kozarec nalijte začinjeni rum Sailor Jerry Navy in napolnite s 7UP. Zmešajte. Dodajte kanček pomarančnega soka.

BRIDGETOWN

2 oz. Cockspur Fine rum

poškropite češnjev sok

dash sladki vermut

češnja za okras

Pretresite z ledom. Postrezite v kozarcu za koktajl. Okrasite s češnjo.

BRINLEY COFFEE ON THE ROCKS

3 oz. Zlati kavni rum Brinley

zdrobljen led

sveža kavna zrna za okras

Okrasite s kavnimi zrni.

BRINLEY CREAMSICLE

2 oz. Vanilijev rum Brinley

2 oz. pomarančni sok

1 oz. mleko

Dobro pretresite in nalijte v kozarec nad ledom.

BRINLEY LIMETA FIZZ

3 deli limetinega ruma Brinley Gold

4 deli gazirane pijače ali limonino-limetine sode

rezina limete za okras

Nalijte v visok kozarec nad ledom. Okrasite z rezino limete.

VROČ KAKAV BRINLEY »SPIKED«.

3 oz. Vaniljev rum Brinley Gold

4 oz. vroča vroča čokolada

1 marshmallow (ali 6 majhnih marshmallow)

čokoladni ostružki za okras

Postrezite vroče v velikem vrču. Potresemo z marshmallowom in ostružki temne čokolade.

RJAVI DERBI

1¼ oz. Portoriški temni rum

½ oz. sok limete

1/6 oz. javorjev sirup

Stresite.

MEHURČKI & MANGO

1 oz. mangov pire

2 oz. Flor de Cana 7 let star rum

¾ oz. sveže stisnjen limetin sok

½ oz. preprost sirup

1½ oz. Prosecco

Prve štiri sestavine pretresite in precedite v 6-oz. kozarec za martini. Na vrhu s Proseccom.

BUCK-A-ROO

1¼ oz. Bacardi svetel ali temen rum

koreninsko pivo za polnjenje

V kozarec highball nad ledom nalijte rum. Napolnite s koreninskim pivom.

BUCK JONES

1½ oz. lahki rum

1 oz. sladki šeri

sok ½ limete

ingverjevo pivo za polnjenje

Prve tri sestavine nalijte v kozarec highball čez ledene kocke in premešajte. Napolnite z ingverjevim pivom.

KOKTAJL BULDOG

1½ oz. Bacardi svetel ali temen rum

¾ oz. sok limete

½ oz. žganje z okusom češnje

češnja maraskino za okras

Okrasite z maraskino češnjo.

BURGUNDSKI ŠKOF

1 oz. lahki rum

sok ¼ limone

1 čajna žlička sladkor v prahu

rdeče vino za polnjenje

sveže sadje za okras

Pretresite z ledom in precedite v kozarec highball nad ledenimi kockami. Zalijemo z rdečim vinom in premešamo. Okrasite s sadjem.

BUSHRANGER

1 oz. Portoriški beli rum

1 oz. Dubonnet

2 pomišljaja grenčice Angostura

Mešajte.

BUSHWHACKER

½ oz. rum

2 oz. Coco Lopez prava kokosova krema

1 oz. liker z okusom kave

½ oz. temna kakavova krema

2 oz. pol in pol

Zmešajte z 1 skodelico ledu do gladkega.

BWI SWIZZLE

2 oz. Pyrat XO Reserve rum

½ oz. Liker Marie Brizard Apry

1 oz. Rock Candy sirup ali preprost sirup

sok 1 limete

2 pomišljaja grenčice Angtostura

Nalijte v 14-oz. čaša, do ¾ polna z zdrobljenim ledom. Med dlanmi položite žličko in mešajte ter dodajajte zdrobljen led, dokler se pijača ne speni in zunanjost kozarca ne zmrzne.

CEZARJEV POLJUB

½ oz. Bacardi vanilijev rum

1 oz. Tequila Rose

½ oz. Irska krema Baileys

½ oz. Chambord

stepena jagodna smetana za okras

Stresite. Postrezite v rocks kozarcu. Okrasite z jagodno stepeno smetano.

KAVARNA RUMBA

1 oz. Kahlua

1 oz. Whaler's Vanille rum

vroča kava za polnjenje

stepeno smetano na vrh

Prvi dve sestavini nalijte v skodelico. Napolnite s kavo. Prelijemo s stepeno smetano in uživamo.

CAIPIRISSIMA

2 oz. Rum Pyrat Superior Blanco

1 majhna limeta, narezana na četrtine

1 zvrhana žlička. rjavi sladkor

V 16-oz. z mešanjem stekla zmešajte limeto in rjavi sladkor, dokler se ne izloči sok in se sladkor raztopi. Napolnite z razpokanim (ne zdrobljenim) ledom, nato dodajte rum Pyrat Superior Blanco. Stresajte, dokler se dobro ne premeša, in nalijte v dvojni starinski kozarec. Po potrebi dodajte več ledu.

CALIFORNIA FIZZ

1½ oz. Bacardi svetel ali temen rum

4 oz. pomarančni sok

klubska soda na vrh

Prvi dve sestavini nalijemo v visok kozarec. Prelijte s sodo.

ZATIŠJE PRED NEVIHJO

2½ oz. Tommy Bahama Golden Sun rum

sok ½ limete

ingverjevo pivo na vrh

kolo limete za okras

Prvi dve sestavini nalijte v kozarec z ledom. Prelijemo z ingverjevim pivom. Okrasite z limetino kolo.

MIRNA PLOVBA

1 oz. Bacardi lahki rum

¼ oz. Hiram Walker žganje z okusom jabolka

1 oz. pomarančni sok

dash bitters

Pretresite z ledom in postrezite na skalah.

CALYPSO COOL-AID

1¼ oz. Rhum Barbancourt

1 oz. ananasov sok

½ oz. limonin ali limetin sok

¼ žličke sladkor

klubska soda na vrh

Zmešajte prve štiri sestavine. Prelijte s sodo. Okrasite z ananasovo konico in limetino kolo.

CALYPSO HLADILNIK

½ oz. Captain Morgan Original začinjen rum

¼ oz. Myers's Original temni rum

½ oz. breskov šnops

2 oz. pomarančni sok

1 oz. grenadin

1 oz. sok limete

2 oz. limonino-limetina soda

pomarančna rezina za okras

Prvih šest sestavin dobro pretresite in nalijte v Collinsov ali specialni kozarec nad ledom. Vrh z limonino-limetino sodo. Okrasite z rezino pomaranče.

CANA BRAVA

2 oz. Flor de Cana Gold 4 leta star rum

3 oz. Mešanica Bloody Mary

½ oz. jalapeno sok

½ oz. sok limete

Mešajte nad ledom.

CANA DORADA MARTINI

½ oz. sladkan limetin sok

1½ oz. Flor de Cana gold 7 let star rum

½ oz. trojna sekunda

1 oz. pomarančni sok

Pretresite in postrezite v kozarcu za martini.

CANA-SUTRA

2 oz. Flor de Cana ekstra suh 4 leta star rum

1 oz. brusnični sok

1 oz. ananasov sok

1 oz. breskov šnops

1 oz. grenadin

Pretresite in postrezite na skalah.

KANARČKI

1½ oz. 10 trsnega ruma

1½ oz. janež

2½ oz. sveže iztisnjen ananasov sok

creme de cacao na rob stekla

rjavega sladkorja na rob stekla

1 zvezdasti janež za okras

Kozarec za martini obrobite s kakavovo smetano in rjavim sladkorjem. V stresalnik z ledom nalijte 10 sokov trsa, janeža in ananasa. Močno pretresite in precedite v kozarec za martini. Okrasite z lebdečo zvezdastim janežem. Zleknite se v naslanjač.

Ustvarila ekipa barmanov Elbow Beach Resort, Bermudi.

CANITAS

2 oz. 10 trsnega ruma

1 skodelica espressa

sladkor po okusu (neobvezno)

1 čajna žlička sveža stepena smetana (po želji)

V majhen kozarec ali kozarec za sok dodajte 10 Cane in espresso. Dodajte sladkor, če ga uporabljate. Po želji okrasite s svežo stepeno smetano.

TOPOVAČKA

1–2 oz. Goslingov rum Black Seal

½ oz. Rose's limeta cordial

Enaki deli (na vrh):

brusnični sok

ananasov sok

pomarančni sok

oranžno kolo za okras

češnja za okras

Prvi dve sestavini nalijemo v kozarec. Prelijte z enakimi deli brusničnega, ananasovega in pomarančnega soka. Okrasite s pomarančnim kolesom in češnjo.

CAPTAIN MORGAN DAIQUIRI

1 oz. Captain Morgan Original začinjen rum

¼ oz. češnjev liker

1 oz. sladka in kisla mešanica

kolo limete za okras

Močno pretresite nad zdrobljenim ledom in napolnite v kozarec za koktajl s pecljem. Okrasite z limetino kolo.

CAPTAIN MORGAN SOUR

1 ¼ oz. Captain Morgan Original začinjen rum

1 oz. sveže stisnjen limonin sok

1 čajna žlička sladkor

Pretresite in postrezite na skalah.

KAPETANOVA KOLADA

1¼ oz. Captain Morgan Original začinjen rum

5 oz. mešanica piña colade

ananasova palčka za okras

češnja maraskino za okras

Mešajte z zdrobljenim ledom do gladkega. Nalijte v poseben kozarec. Okrasite z ananasovo palčko in češnjo maraskino.

KAPITANOVA KRIŽARKA

1¼ oz. Captain Morgan Parrot Bay rum

3 oz. pomarančni sok

2 oz. ananasov sok

Zmešajte v stresalniku. Nalijte v visok kozarec nad ledom.

KAPITANOV BISER

1 oz. Captain Morgan Original začinjen rum

¼ oz. amaretto

1½ oz. pol in pol

½ zrele banane

Zmešajte z merico zdrobljenega ledu.

KAPITANOV TROPSKI ZAČIMBNI ČAJ

1¼ oz. Captain Morgan Original začinjen rum

3 oz. ledeni čaj

½ žličke limonin sok

2 oz. ingverjevo pivo

kolo limone za okras

Premešajte v kozarcu highball nad ledom. Okrasite s kolescem limone.

KARIBI KAKAV

1½ oz. rum Coruba Jamaica

vroč kakav za polnjenje

stepena smetana za okras

čokoladni kodri za okras

V skodelico nalijte rum Coruba. Napolnite z vročim kakavom. Okrasite s stepeno smetano in na vrh položite čokoladne kodre.

KARIBI HLADILNIK

1 oz. Captain Morgan Original začinjen rum

¼ oz. bela kakavova krema

3 oz. pomarančni sok

1½ oz. klubska soda

V kozarec z ledom nalijte rum, kakavovo kremo in pomarančni sok. Mešajte. Dodamo sodo in nežno premešamo.

CARIBBEAN CRUSH

3 oz. kokosovo mleko

1/3 zrele banane

½ oz. Irska krema Baileys

1½ oz. Pyrat XO Reserve rum

1 merica ledu

stepena smetana za okras

nariban kokos za okras

Mešajte 15–20 sekund. Okrasite s stepeno smetano in naribanim kokosom.

KARIBSKI DATUM

1½ oz. Pyrat XO Reserve rum

1 oz. mandarinin pire

1 oz. Tajsko kokosovo mleko

cimet in demerara sladkor na rob stekla

vejica mete za okras

Pretresite z ledom in precedite v ohlajen kozarec za koktajl, obrobljen s cimetovo-demerara sladkorjem. Okrasite z vejico sveže mete.

KARIBSKE VESELJE

1½ oz. Bacardi lahki rum

1 oz. ananasov sok

¾ oz. limonin sok

Pretresite in postrezite na skalah.

KARIBSKA STRAST

½ oz. Mount Gay rum

¾ oz. Passoã

1 oz. ananasov sok

poškropite pomarančni sok

Stresite. Postrezite v visokem kozarcu nad ledom.

KARIBSKA KRALJICA

1¼ oz. rum Bacardi Limón

½ oz. Cointreau

2 oz. pomarančni sok

3 oz. Coco Lopez prava kokosova krema

Zmešajte z ledom. Postrezite v kozarcu za martini.

KARIBSKA ROMANTIKA

3 oz. Bacardi lahki rum

1½ oz. sladkorni sirup

2 kosa papaje

2 kosa banane

1 oz. sok limete

1 oz. Coco Lopez prava kokosova krema

pomarančna rezina za okras

rezina ananasa za okras

češnja za okras

Mešajte. Okrasite z rezino pomaranče, rezino ananasa in češnjo.

KARIBSKO MORJE

1½ oz. Appleton Estate V/X jamajški rum

¾ oz. modri curacao

3 oz. ananasov sok

1½ oz. kokosovo smetano

Zmešajte v Collinsovem kozarcu na ledu.

KARIBI STRELEC

¾ oz. Captain Morgan Original začinjen rum

½ oz. žganje

1 oz. brusnični sok

Pretresite z ledom in precedite v kozarec.

KARIBI SONČNI ZAHOD

¾ oz. Whaler's Great beli rum

¾ oz. Burnettov gin

¾ oz. modri curaçao

¾ oz. bananin liker

1 oz. limonin sok

1 oz. sok limete

dash grenadine

rezina limete za okras

Prvih šest sestavin pretresite v led in nalijte v kozarec za koktajl. Dodamo grenadine in okrasimo z rezino limete.

KOKTAIL CARIBE

1¼ oz. Captain Morgan Original začinjen rum

1 oz. ananasov sok

½ oz. limonin sok

rezina limete za okras

Pretresite z ledenimi kockami in precedite v koktajl s pecljem. Okrasite z rezino limete.

PUSTNI HLADILNIK

2 oz. Fernandes "19" beli rum

¾ oz. sok limete

2 pomišljaja grenčice Angostura

klubska soda za polnjenje

Prve tri sestavine nalijte v kozarec Collins nad ledom in premešajte. Napolnite s sodo.

CASABLANCA

2 oz. Captain Morgan Original začinjen rum

½ oz. créme de noya

¼ oz. marelični liker

4 oz. pomarančni sok

½ oz. preprost sirup

Postrezite v kozarcu s 6 oz. žlica zdrobljenega ledu.

CHAMBORD COLADA

1½ oz. Bacardi rum

1½ oz. Chambord

2 oz. ananasov sok

½ oz. Coco Lopez prava kokosova krema

Zmešajte z ledom. Postrezite v visokem kozarcu.

ŠAMPANJEC TIKI

1 oz. Pyrat XO Reserve rum

1 oz. Bananin rum Cruzan

1 oz. svež jagodni kuli

sok ½ limete

šampanjec do vrha

nariban muškatni oreščEk za okras

vejica mete za okras

Prve štiri sestavine pretresite in precedite v 7½ oz. stekleno steklo. Vrh s šampanjcem. Okrasite s kančkom muškatnega oreščka in vejico sveže mete.

ČAJOT POSEBNI

1½ oz. Bacardi lahki rum

3 kapljice blue curacao

1½ oz. kislo jabolko

rezina zelenega jabolka za okras

Stresite z zdrobljenim ledom, dokler se ne ohladi. Postrežemo v ohlajenem kozarcu za martini in okrasimo z rezino zelenega jabolka.

Iz restavracije Chayote.

ČEŠNJEVA KREMA RUM

1½ oz. Rhum Barbancourt

½ oz. češnjevo žganje

½ oz. lahka krema

Stresite.

ČEŠNJEV NAPIJ STRASTI

1 oz. beli rum

1½ oz. češnjev sok

1½ oz. sok iz pasijonke

češnja maraskino na peclju, namočena v temno čokolado za okras

Mešajte. Postrezite v kozarcu z ledom. Okrasite s čokoladno češnjo maraskino. Ta pijača je zmagovalka tekmovanja Maraschino Cherry iz leta 1999.

ČEŠNJA POP

1 oz. Malibu rum

½ oz. breskov šnops

½ oz. pomarančni sok

5 češenj

½ oz. maraskino češnjev sok

stepena smetana za okras

češnja maraskino za okras

Zmešajte z eno merico ledu. Okrasite s kančkom stepene smetane in češnjo maraskino. Ta pijača je zmagovalka tekmovanja Maraschino Cherry iz leta 1999.

ČIKAŠKI STIL

¾ oz. Bacardi lahki rum

¼ oz. Hiram Walker trojna sekunda

¼ oz. Hiram Walker aniseta

¼ oz. sok limone ali limete

Stresite. Postrezite na ledu.

GOSLING'S ORANGE CIDER MARTINI

3 oz. Gosling's Gold Bermuda rum

1 čajna žlička mešanica cimeta in sladkorja

pomarančni klin

3 oz. kuhan jabolčnik, ohlajen

¼ oz. pomarančni sok

¼ oz. Cointreau

pomarančni zvitek za okras

V posodo dajte cimet-sladkor. Pomarančno rezino podrgnite po robu kozarca za martini in rob pomočite v cimetov sladkor. Preostale sestavine stresite čez led in precedite v obrobljeni kozarec za martini. Okrasite s pomarančnim zasukom.

PUNČ ZA GROZDJE

1¼ oz. Bacardi lahki rum

grozdni sok za polnjenje

rezina limete ali limone

Nalijte Bacardi light rum v visok kozarec nad ledom. Napolnite z grozdnim sokom in dodajte stisnjen limete ali limone.

KABILICA

1 oz. Bacardi lahki rum

¼ oz. Hiram Walker zelena créme de menthe

½ oz. krema

Zmešajte z zdrobljenim ledom.

KOPAC GROBOV

½ oz. Stroh 80 rum

½ oz. Malibu rum

½ oz. Midori

3 oz. ananasov sok

Postrezite z ledom v visokem kozarcu.

ODLIČNA BELA

1 oz. Whaler's Great White rum

1 oz. brusnični sok

4 oz. pomarančni sok

rezina limone za okras

Sestavine nalijte v kozarec za koktajl nad ledom. Okrasite z rezino limone.

ZELENA OPICA

1½ oz. Bananin rum Tropical Malibu

¾ dela meloninega likerja

1½ oz. sveže kislo

1½ oz. ananasov sok

Pretresite z ledom. Postrezite na ledu.

ZELENA PAPIGA

1½ oz. Appleton Estate V/X rum

4 oz. pomarančni sok

1 oz. modri curacao

pomarančna rezina za okras

Sestavine, eno za drugo v zgoraj navedenem vrstnem redu, nalijte v velik kozarec z pecljem nad ledom. Ne zamešaj. Okrasite z rezino pomaranče.

GUAYAVITA

1½ oz. Flor de Caña Grand Reserve 7 let star rum

1 oz. pulpa guave

2 oz. kisla mešanica

Pretresite in postrezite na skalah.

HAPPY ENDINGS GILLIGAN

1 oz. Malibu kokosov rum

1 oz. Malibu mango rum

1 oz. Tropski bananin rum Malibu

½ oz. brusnični sok

½ oz. ananasov sok

češnja za okras

Pretresite z ledom in postrezite na skalah. Okrasite s češnjo.

TRDA KAPA

1¼ oz. Srebrni rum Bacardi

1¼ oz. svež limetin sok

1 čajna žlička sladkor

¼ oz. Roseina grenadina

klubska soda za polnjenje

Prve tri sestavine pretresite z ledom in precedite v 10 oz. steklo. Napolnite s sodo.

HAVANA BANANA FIZZ

2 oz. lahki rum

2½ oz. ananasov sok

1½ oz. svež limetin sok

3–5 odmerkov Peychaudove grenčice

1/3 banane, narezane na rezine

grenka limonina soda za polnjenje

Zmešajte prvih pet sestavin. Napolnite z grenko limonino sodo.

HAVANA PRIKOLICO

1½ oz. Portoriški zlati rum

¾ oz. limonin sok

¾ oz. trojna sekunda

Zmešajte s 3-4 kockami ledu.

HAVANA POSEBNA

2 oz. beli rum

1 žlica maraskino češnjev liker

½ žlice. sladkor

1 oz. limonin ali limetin sok

Pretresite in postrezite na skalah.

HAVAJSKA MARJETICA

1½ oz. Bacardi lahki rum

1 oz. ananasov sok

¼ oz. limonin ali limetin sok

¼ oz. grenadin

klubska soda na vrh

Prve štiri sestavine nalijte v kozarec in prelijte s sodo.

HAVAJSKA HULA

1½ dela bananinega ruma Malibu Tropical

¾ dela guavinega nektarja

¾ del sveže kisle mešanice

oranžni zamašek za okras

Pretresite in precedite v kozarec za martini. Okrasite z oranžnim zamaškom.

HAVAJSKA NOČ

1 oz. Bacardi lahki rum

¼ oz. Hiram Walker žganje z okusom češnje

ananasov sok za polnjenje

V visok kozarec, do polovice napolnjen z ledom, nalijte rum Bacardi light. Napolnite z ananasovim sokom in na vrh nalijte žganje z okusom češnje.

ČEVLJAR IZ HAVAJSKIH NASADOV

1½ oz. Pyrat XO Reserve rum

½ oz. Citronski liker

1½ oz. sveže sladko in kislo

½ oz. preprost sirup

½ rezine olupljenega ananasa

ingverjevo pivo

vejica mete za okras

kristaliziran ingver za okras

Prvih pet sestavin pretresite. Napolnite z ingverjevim pivom, nato nalijte v kozarec nad ledom. Okrasite z vejico sveže mete in kristaliziranim ingverjem.

118

HEMINGWAY DAIQUIRI

1½ oz. 10 trsnega ruma

½ oz. Luxardo maraskino češnjev liker

1 oz. sveže iztisnjen sok grenivke

½ oz. sveže stisnjen limetin sok

½ oz. preprost sirup

kolo limete za okras

črna češnja za okras

Združite vse sestavine v kozarcu za mešanje. Dodajte led in močno pretresite. Precedite v ohlajen koktajl. Okrasite s kolescem limete in črno češnjo na nabodalo.

SVETA BANANINA KRAVA

1 oz. Šango rum

1 oz. bananina krema

1½ oz. krema

dash grenadine

rezina banane za okras

nariban muškatni oreščček za okras

Pretresite z zdrobljenim ledom in precedite v kozarec. Na vrh položite rezino banane in rahlo potresite z muškatnim oreščkom.

VROČ MASLENI RUM

1 oz. Whaler's Vanille rum, na porcijo

1 skodelica sladkorja

1 skodelica rjavega sladkorja

1 skodelica masla

2 skodelici vanilijevega sladoleda

¾ skodelice vrele vode, na porcijo

nariban muškatni oreščček za okras

V 2-litrski ponvi zmešajte sladkor in maslo. Kuhajte na majhnem ognju in mešajte, dokler se maslo ne stopi. Kuhano mešanico združite s sladoledom v veliki skledi za mešanje in stepajte pri srednji hitrosti, dokler ni gladka. Hraniti v hladilniku do 2 tedna ali zamrznjeno do enega meseca. Za vsako porcijo napolnite ¼ vrčka z mešanico in dodajte 1 oz. Whaler's Vanille Rum in ¾ skodelice vrele vode. Potresemo z muškatnim oreščkom.

VROČ RUMOV IN JABOLČNI PUNH

1 steklenica (750 ml) svetlega ruma Don Q

½ galone jabolčnega moštnika

nageljnove žbice za okras

rezine limone za okras

cimetove palčke za okras

V skledo nalijemo Don Q light rum in dodamo segret jabolčni mošt. Mešajte. Okrasite z rezinami limone, popikanimi z nageljnovimi žbicami. Dodajte cimetovo palčko v vsako skodelico punča, da izboljšate okus. Služi 12.

VROČ VOODOO OČKA

1 oz. VooDoo začinjen rum

½ oz. maslena žganja

5 oz. vroča čokolada

stepeno smetano na vrh

Prve tri sestavine zmešajte v skodelici in prelijte s stepeno smetano.

PEŠČENA URA

1½ oz. Admiral Nelson's Premium začinjen rum

4 oz. pomarančni sok

splash grenadine

Postrezite na ledu.

HUMMER

1 oz. Admiral Nelson's Premium začinjen rum

1 oz. Caffe Lolita kava

2 kepici vanilijevega sladoleda

Zmešajte z zdrobljenim ledom in postrezite v okrasnem kozarcu.

ORKAN ANDREW

1 oz. Rum v barvi Cockspur Five Star

1 oz. Cockspur beli rum

1 oz. orgeat sirup

1 oz. sok iz pasijonke

3 oz. pomarančni sok

½ oz. sok limete

maraskino češnje za okras

pomarančna rezina za okras

Dobro pretresite z ledom in nalijte v ohlajen hurricane kozarec. Okrasite s češnjami maraskino, rezino pomaranče in dežnikom.

LEDOLOMILEC

½ oz. Myers's Original temni rum

¼ oz. créme de noya

¼ oz. konjak

¼ oz. gin

2 oz. limonin sok

1 oz. pomarančni sok

Stresite.

V ROZA

1¼ oz. Myersova originalna rumova krema

1 oz. Coco Lopez prava kokosova krema

1 čajna žlička grenadin

Zmešajte z ledom.

RAVNODUŠNA GOSPOĐICA

¾ oz. Captain Morgan Original začinjen rum

¾ oz. sok limete

1 čajna žlička preprost sirup

3 oz. klubska soda

Nalijte rum, sok in sirup čez led v kozarcu. Mešajte. Dodajte sodo in nežno premešajte.

MEDNARODNI MAI TAI

½ oz. Malibu rum

½ oz. Myers's Original temni rum

½ oz. rum

1 čajna žlička orgeat sirup

2 oz. ananasov sok

2 oz. sladka in kisla mešanica

Zmešajte z ledom. Postrezite v visokem kozarcu.

LEDENI ČAJ ISLA GRANDE

1½ oz. Portoriški temni rum

3 oz. ananasov sok

3 oz. nesladkan kuhan ledeni čaj

rezina limone ali limete za okras

Nalijte v visok kozarec z ledom. Okrasite z rezino limone ali limete.

OTOČKI SONČNI ZAHOD

1 oz. Whaler's Rare Reserve rum

1 oz. Whaler's Great White rum

1 žlica sirup iz pasijonke

2 žlički sok limete

dash grenadine

rezina limete za okras

Pretresite in nalijte v ohlajen hurricane kozarec nad ledom. Okrasite z rezino limete.

OTOK VOODOO

1½ oz. VooDoo začinjen rum

1½ oz. RedRum

2 oz. sok guave

2 oz. mangov sok

½ oz. svež limetin sok

½ oz. svež limonin sok

Zmešajte z ledom in postrezite v visokem kozarcu.

ITALIJANSKA COLADA

1½ oz. Portoriški beli rum

¾ oz. sladko smetano

¼ oz. Coco Lopez prava kokosova krema

2 oz. ananasov sok

¼ oz. amaretto

Zmešajte z 1 merico zdrobljenega ledu.

ŽAD

1½ oz. Portoriški beli rum

¾ oz. sok limete

1 žlica sladkor

dash triple sec

dash green créme de menthe

Stresite. Postrezite na ledu.

JAMAJŠKI SNEG

1¼ oz. rum

½ oz. modri curaçao

2 oz. Coco Lopez prava kokosova krema

2 oz. ananasov sok

Zmešajte z 2 skodelicama ledu.

JAMAJŠKE PRAZNIKE

11/3 oz. Appleton Estate V/X jamajški rum

½ breskve (olupljene ali konzervirane)

sok ½ limete

1 čajna žlička sladkor

rezina breskve za okras

Zmešajte z 1 merico zdrobljenega ledu. Postrezite v kozarcu za koktajl. Okrasite z rezino breskve.

JAMAJŠKI ŠEK

1 kapljica temnega ruma Myers's Original

½ doze mešanega viskija

2 oz. mleko ali smetana

Zmešajte z ledom.

JAMAJŠKI SONČNI ZAHOD

2 oz. Wray & Nephew rum

2 oz. brusnični sok

3 oz. sveže stisnjen pomarančni sok

Vse sestavine pretresite z ledom in precedite v kozarec Collins, napolnjen z ledom.

JAMAJŠKA BUJILKA

1½ oz. Appleton Estate V/X jamajški rum

vroča črna kava za polnjenje

stepeno smetano na vrh

V skodelico za kavo nalijte rum Appleton Estate V/X Jamaica. Napolnite s kavo in prelijte s stepeno smetano.

LJUBOMEN LJUBIMEC

2 oz. Afriški rum Starr

3 velike jagode

½ oz. svež limetin sok

½ oz. ananasov sok

¾ oz. preprost sirup

Zmešane jagode. Pretresite z ledom in precedite v kozarec za martini.

JONESTOWN COOL-AID

2 oz. RedRum

½ oz. ananasov sok

½ oz. brusnični sok

Pretresite z ledom. Postrezite kot koktajl ali shot.

JUMBLE BREW

1 oz. Kokosov rum Cruzan

1 oz. Ananasov rum Cruzan

3 oz. pomarančni sok

stiskanje limete

Zmešajte prve tri sestavine in dodajte kanček limete. Nalijte v visok kozarec nad ledom. Okrasite z eksotično rožo.

SKOČI IN ME POLJUBI

½ oz. rum Sea Wynde

½ oz. Liquore Galliano

½ oz. Apry marelični liker Marie Brizard

dash Dr. Swami & Bone Daddy's gurmanska sladko-kisla mešanica

pomarančni sok

ananasov sok

Prvih pet sestavin pretresite z ledom in precedite v kozarec Collins. Napolnite s pomarančnim in ananasovim sokom.

SKOČI GOR BANANA-NANA

1/3 skodelice bananinega ruma Cruzan

1 med. banana

1 limeta, stisnjena

1 žlica med ali fin sladkor v prahu

1 čajna žlička izvleček vanilije

rezine ananasa za okras

češnja za okras

Zmešajte z 2 skodelicama zdrobljenega ledu do gladkega. Nalijte v kozarec s pecljem in okrasite z rezino ananasa in češnjo.

PLAMEN DŽUNGLE

2 oz. Afriški rum Starr

rezina sveže limone

¼ oz. preprost sirup

limonino-limetina soda

Limono narežite in koščke položite v mešalnik z ledom, afriškim rumom Starr in sirupom. Nalijte v kozarec highball. Vrh z limonino-limetino sodo.

KAHLUA COLADA

½ oz. rum

1 oz. Coco Lopez prava kokosova krema

2 oz. ananasov sok

1 oz. Kahlúa

Zmešajte z 1 skodelico ledu.

KEY LIME DREAM

1½ oz. lahki rum

¾ oz. Rosein limetin sok

2 kepici vanilijevega sladoleda

Zmešajte z ledom.

PESEM KEY WEST

1¼ oz. Captain Morgan Original začinjen rum

1 oz. kokosovo kremo

2 oz. pomarančni sok

Zmešajte do gladkega z 1 skodelico ledu in nalijte v kozarec.

KILLA' COLA

2 oz. Kokosov rum Whaler's Killer

½ oz. Hypnotiq

4 oz. kola

češnja za okras

Nalijte v koktajl kozarec nad ledom in okrasite s češnjo.

UBILALNA KOLADA

3 oz. Kokosov rum Whaler's Killer

3 žlice. kokosovo mleko

3 žlice. zdrobljen ananas

rezine ananasa za okras

2 češnji za okras

Pri visoki hitrosti mešajte z 2 skodelicama zdrobljenega ledu. Nalijte v ohlajen hurricane kozarec in okrasite z rezino ananasa in češnjami.

"MORILKA" RITA

2 oz. Kokosov rum Whaler's Killer

1 oz. trojna sekunda

1 oz. ananasov sok

½ oz. kokosovo mleko

sol za robno steklo

maraskino češnje za okras

Kozarec za margarito obrobite s soljo. Zmešajte in vlijte v kozarec za margarito nad ledom. Okrasite s češnjami maraskino.

KAVA KINGSTON

4 oz. sveže kuhana kava

1 oz. Myersov rum

žlica stepene smetane

grenka čokolada v prahu za posip

cimetova palčka za okras

Prvi dve sestavini nalijte v kavno skodelico ali skodelico. Prelijemo s stepeno smetano in po vrhu potresemo grenko čokolado v prahu. Okrasite s cimetovo palčko.

KINGSTON COSMO

2 oz. Appleton Estate V/X jamajški rum

½ oz. Cointreau

poškropite brusnični sok

stiskanje limete

Prvi dve sestavini nalijemo v kozarec. Prelijemo z brusničnim sokom in limetinim iztisnjenim.

KINGSTON KISLO

1½ oz. Wray & Nephew rum

rezina sveže hruške (in še ena za okras)

½ oz. jabolčni sok

½ oz. marelično žganje

kislo mešanico

1/8 oz. crème de cassis

Zmešajte prve tri sestavine, nato jih z vsemi drugimi sestavinami močno stresite nad ledom. Precedite v z ledom napolnjen kozarec highball. Okrasite z rezino hruške.

KOKO-COLA

1½ oz. Kokosov rum Cruzan

2 oz. soda

stisnite limeto

Zmešajte z ledom in postrezite na skalah.

KON-TIKI

1½ oz. Seven Tiki rum

2 oz. mangov nektar

2 oz. brusnični sok

dash absint

Nalijte v kozarec highball z ledom. Mešajte.

LABADU

3 oz. Malibu rum

3 oz. ananasov sok

1 oz. mlečni ali vaniljev sladoled

Zmešajte z ledom.

LADY HAMILTON

1½ oz. Pusserjev rum

1 čajna žlička svež limetin sok

Enaki deli:

sok iz pasijonke

pomarančni sok

ingverjevo pivo

SMEH

1½ oz. Rum Cockspur Old Gold

1 oz. sok limete

1 čajna žlička sladkor

3–4 listi mete

klubska soda na vrh

Zmešajte limetin sok, meto in sladkor v kozarcu Collins ali highball. Nežno premešajte, da se meta strdi. Kozarec do ¾ napolnite z ledom. Dodajte rum Cockspur Old Gold. Vrh s sodo. Dobro premešamo.

LIGHT 'N STORMY

2 oz. 10 trsnega ruma

3–4 oz. ingverjevo pivo

½ oz. sveže stisnjen limetin sok

rezina limete za okras

kandiran ingver za okras

Highball kozarec do ¾ napolnite z ledom. Združite vse sestavine in premešajte. Okrasite z rezino limete in kandiranim ingverjem.

LIMETINA ŠENICA

2 oz. Brinley zlata limeta rum

3 oz. klubska soda (ali limonino-limetina soda, če imate radi slajšo)

1 rezina limete

Prvi dve sestavini nalijemo v kozarec. Stisnite in okrasite z rezino limete.

LIMET LUAU

1 oz. Bananin rum Whaler's Big Island

2 oz. vodka

limetin sok

dash pomarančni sirup

Premešajte z ledom in postrezite v kozarcu za koktajle.

LIMÓN MERINGUE PIE ŠOT DRINK

2 oz. rum Bacardi Limón

1 oz. Disaronno Originale amaretto

sladkor v prahu

stepena smetana, pripravljena za uporabo (po možnosti v pločevinki)

Naj vam nekdo potrese sladkor v prahu po jeziku, nato pa popijte pijačo Bacardi Limón, prelito z amarettom Disaronno, vendar je ne pogoltnite. Naj vam nekdo v usta poškropi stepeno smetano, nato pretresite in pogoltnite majhen kos pite.

LJUBEZEN NAPOJ

1 oz. rum

½ oz. bananin liker

½ oz. trojna sekunda

1 oz. pomarančni sok

1 oz. ananasov sok

pomarančna rezina za okras

rezina ananasa za okras

rezina banane za okras

Okrasite z rezinami pomaranče, ananasa in banane.

LJUBEZEN STICK

2 oz. Rum v barvi Cockspur Five Star

1 oz. Cockspur beli rum

½ oz. trojna sekunda

1 oz. ananasov sok

1 oz. pomarančni sok

1 oz. sok limete

¾ oz. sadni sirup

Dobro pretresite z ledom. Nalijemo v visok kozarec.

SREČNA DAMA

¾ oz. Bacardi lahki rum

¼ oz. Hiram Walker aniseta

¼ oz. Hiram Walker bela kakavova krema

¾ oz. krema

MALIBU ACOMPÁÑAME

2 dela kokosovega ruma Malibu

1 del Hiram Walker triple sek

poškropite svež limetin sok

MALIBU PO TAN

1 del kokosovega ruma Malibu

1 del bele kakavove kreme

2 kepici vanilijevega sladoleda

Zmešajte z ledom in postrezite v posebnem kozarcu.

MALIBU BANANA KRAVA

1½ delov smetane

1 del ruma Malibu Tropical banana

1 del kokosovega ruma Malibu

dash grenadine

nariban muškatni oreščček za posipanje

bananine rezine za okras

Pretresite in precedite v kozarec za koktajl. Potresemo z muškatnim oreščkom in okrasimo z rezinami banane.

MALIBU BANANA-BERRY SPLIT

1 del ruma Malibu Tropical banana

1 del vodke Stoli Razberi

limonin sok

preprost sirup

Pretresite z ledom in postrezite v shot kozarcu.

MALIBU BANANA MANGO BREEZE

1 del ruma Malibu Tropical banana

1 del malibu mango ruma

1 del sveže kisle mešanice

1 del brusničnega soka

MALIBU BANANA PADDY

1 del ruma Malibu Tropical banana

1 del Kahlúa

žganje poprove mete

MALIBU BANANA SPLIT

1 del ruma Malibu Tropical banana

splash amaretto

splash creme de cacao

stepena smetana za okras

češnja za okras

Okrasite s stepeno smetano in češnjo.

MALIBU BANANA TROPIC-TINI

1½ dela bananinega ruma Malibu Tropical

½ dela breskovega žganja

žlica mangovega pireja

poškropite nektar iz pasijonke

češnja za okras

Pretresite in postrezite kot martini. Okrasite s češnjo.

MALIBU BANANA ZINGER

2 oz. Bananin rum Tropical Malibu

2 merici limoninega šerbeta

2 oz. kisla mešanica

rezina limone za okras

Zmešajte v mešalniku z 2 skodelicama ledu. Okrasite z rezino limone. Naredi 2 pijači.

PLAŽA MALIBU

1½ oz. Malibu rum

1 oz. Smirnoff vodka

4 oz. pomarančni sok

Postrezite na ledu.

MODRA LAGUNA MALIBU

1 del kokosovega ruma Malibu

4 deli ananasovega soka

¾ dela modrega curaçao

MALIBU CARIBENO

3 deli kokosovega ruma Malibu

1 del konjaka Martel

½ dela ananasa

½ del svežega limoninega soka

rezina limone za okras

Postrezite na skalah. Okrasite z rezino limone.

MALIBU COCO COLADA MARTINI

3 deli kokosovega ruma Malibu

1 del Hiram Walker triple sek

½ dela prave kokosove kreme Coco Lopez

½ dela svežega limetinega soka

rezina limete za okras

Postrezite v kozarcu za martini. Okrasite z rezino limete.

MALIBU COCO-COSMO

2 dela kokosovega ruma Malibu

splash triple sec

poškropite sok granatnega jabolka

poškropite brusnični sok

limetin sok

limetin zvitek za okras

Pretresite z ledom in precedite v kozarec za martini. Okrasite z limetino zvitko.

MALIBU COCO-LIBRE

1 del kokosovega ruma Malibu

3 deli kole

rezina limete za okras

Postrezite z ledom v visokem kozarcu. Okrasite z rezino limete.

MALIBU KOKOSOVA KREMA

2 dela kokosovega ruma Malibu

1 merica zamrznjenega vanilijevega jogurta

pomarančni sok za polnjenje

Prvi dve sestavini nalijemo v kozarec in napolnimo s pomarančnim sokom. Mešajte. Postrezite kot napitek. Lahko tudi zmiksate v blenderju in postrežete kot shake.

MALIBU KOKOS OSVEŽILEC

2 dela kokosovega ruma Malibu

2 dela limonino-limetine sode

1 del limetinega soka

Postrezite z ledom v visokem kozarcu.

MALIBU NESKONČNO POLETJE

2 dela bananinega ruma Malibu Tropical

1 rezina limone

1 rezina limete

bananine rezine za okras

Zdrobite limone in limete. Dodajte rum Malibu Tropical banana. Pretresite in precedite v kozarec za martini. Okrasite z rezinami banane.

MALIBU FRANCOSKA BRCA

1 del ruma iz pasijonke Malibu

splash Martell konjak

poškropite limonin sok

splash preprost sirup

MALIBU ISLA VIRGEN

2 dela kokosovega ruma Malibu

½ dela breskovega likerja

½ dela amaretta

MALIBU MANGO BAY BREEZE

2 dela malibu mango ruma

1½ delov brusničnega soka

1½ delov ananasovega soka

MALIBU MANGO KAMIKAZA

1 del malibu mango ruma

1 del citrusne vodke Stoli

½ delne trojne sekunde

¾ dela svežega limetinega soka

MALIBU MANGO-LIMETA MARTINI

1½ dela malibu mango ruma

1½ dela vodke Stoli Vanil

1 del limetinega soka

1 del preprostega sirupa

MALIBU MANGO MAI TAI

2 dela malibu mango ruma

1 del pomarančnega soka

1 del ananasovega soka

poškropite limetin sok

splash preprost sirup

¼ oz. temni rum

Prvih pet sestavin nalijemo v kozarec in na vrh previdno nalijemo temni rum.

MALIBU MARGARITA

1¼ dela kokosovega ruma Malibu

1 del tekile Tezon

½ dela modrega curaçao

½ dela svežega limetinega soka

1½ del sladkanega limoninega soka

Vsebino stresite v ledeni kozarec za mešanje in precedite v specialni kozarec za ledeno hišo. Okrasite z rezino limete.

MALIBU MEGA-OREH

2 dela kokosovega ruma Malibu

dash lešnikov liker

limonino-limetina soda

naribani kokosovi kosmiči za okras

Prvi dve sestavini nalijemo v visok kozarec z ledom in napolnimo z limonino-limetino sodo. Okrasite z naribanimi kokosovimi kosmiči.

MALIBU MEHIŠKA MAMA

1 del kokosovega ruma Malibu

½ dela kavnega likerja Kahlúa

½ dela bele crème de menthe

1½ delov težke smetane

Pretresite z ledom in precedite v kozarec nad zdrobljenim ledom. Okrasite z 2 listi mete.

MALIBU POLNOČNI VETERIČ

1 del kokosovega ruma Malibu

½ del bananinega ruma Malibu Tropical

1 del blue curaçao

ananasov sok za polnjenje

Zgradite z ledom. Lahko se strese ali naloži v plasteh.

MALIBU NOČE BREZPLAČNO

1 del kokosovega ruma Malibu

3 deli kole

poškropite limetin sok

rezina limete za okras

Postrezite v kozarcu Collins. Okrasite z rezino limete.

MALIBU NA PLAŽI

1 oz. Malibu rum

½ oz. Irska krema Baileys

Postrezite kot strel.

MALIBU ORANŽNA KOLADA

1½ oz. Malibu rum

1 oz. trojna sekunda

4 oz. Coco Lopez prava kokosova krema

MALIBU ORANŽNA STRAST

1 del ruma iz pasijonke Malibu

1 del vodke Stoli

2 dela pomarančnega soka

MALIBU PASSION FRUIT COSMO

1 del ruma iz pasijonke Malibu

1 del vodke Stoli Vanil

1 del tonika, brizg brusničnega soka

MALIBU PASION FRUIT SAKE-TINI

1 del ruma iz pasijonke Malibu

1 del vodke Stoli

½ dela sakeja

pire iz pasijonke

MALIBU PASSION POPPER

1 del ruma iz pasijonke Malibu

splash cola

poškropite češnjev sok

Pretresite z ledom in precedite v kozarec.

ČAJ STRAST MALIBU

1 del ruma iz pasijonke Malibu

2 dela ledenega čaja

1 del limonino-limetine sode

rezina limete za okras

Postrezite z ledom v visokem kozarcu. Okrasite z rezino limete.

MALIBU ANANAS COSMOPOLITAN

1½ dela ananasovega ruma Malibu

¾ del Hiram Walker triples

¾ dela svežega limetinega soka

¾ dela brusničnega soka

rezina limete za okras

Stresite v leden kozarec za mešanje in precedite v ohlajen koktajl. Okrasite z rezino limete.

MALIBU ANANASOVA KISLA KROGLICA

2 dela ananasovega ruma Malibu

poškropite brusnični sok

kislo mešanico

MALIBU ANANAS

2 dela ananasovega ruma Malibu

2 dela ananasovega soka

kislo mešanico za polnjenje

rezine ananasa za okras

Prvi dve sestavini nalijemo v visok kozarec in napolnimo s kislo mešanico. Okrasite z rezino ananasa.

PARIŠKA BLONDINKA

1½ oz. Bacardi lahki rum

¾ oz. krema

½ oz. pomarančni curaçao

češnja maraskino za okras

Okrasite z maraskino češnjo.

PARROT BAY MANGO MADNESS

1½ oz. Mango rum Captain Morgan Parrot Bay

2 oz. brusnični sok

2 oz. pomarančni sok

Pretresite z ledom in nalijte v kozarec.

PAPIGA STRAST

2 oz. rum Bacardi Limón

½ oz. Cointreau

3 oz. pomarančni sok

3 oz. sok iz pasijonke

pomarančna rezina za okras

koščke ananasa za okras

Zmešajte z ledom in postrezite v ohlajenem kozarcu za martini. Okrasite z rezino pomaranče in koščkom ananasa.

DAIQUIRI PASSION FRUIT (BRUNCH COCKTAIL)

2 oz. 10 trsnega ruma

1 oz. sveže stisnjen limetin sok

1 oz. preprost sirup

1 oz. pire iz pasijonke

kolo limete za okras

Združite vse sestavine v kozarcu za mešanje. Dodajte led in močno pretresite. Precedite v ohlajen koktajl. Okrasite z limetino kolo.

STRAST BELIZIJA

¾ oz. One Barrel rum

¾ oz. nektar pasijonke

2 oz. Šampanjec Moët nectar

1 čajna žlička sveža pasijonka (1 pasijonka, prerezana na pol in z žlico izdolbena)

Zmešajte z ledom in precedite v ohlajeno žlico za šampanjec.

PASSIONPOLITAN

1 oz. Pasijonkin rum Parrot Bay

¼ oz. trojna sekunda

2 oz. brusnični sok

1 brizg limetinega soka

rezina limete za okras

Nalijte v kozarec nad ledom in premešajte. Okrasite z rezino limete.

TERASA

1 oz. Bacardi O rum

½ oz. trojna sekunda

2 oz. limonada

ščepec super finega sladkorja

3 listi mete

soda voda do vrha

Prve štiri sestavine pretresite z ledom in nalijte v kozarec highball. Dodamo liste mete in prelijemo s soda vodo.

PAULISTANO

1½ oz. Oronoco rum

3 rezine limete

2 listi mete

3 oz. stisnjen ananasov sok

vejica mete za okras

V stresalniku zmešajte liste mete in rezine limete. Dodajte Oronoco rum in ananasov sok; pretresite z zdrobljenim ledom. Nalijemo v kozarec in okrasimo z metino vejico.

PB VETERIČ

1½ oz. Kokosov rum Parrot Bay

2 oz. brusnični sok

2 oz. ananasov sok

rezina ananasa za okras

Nalijte v kozarec nad ledom in premešajte. Okrasite z rezino ananasa.

BRESKEV BANANIN DAIQUIRI

1½ oz. Portoriški lahki rum

½ srednje velike banane, narezane na kocke

1 oz. svež limetin sok

¼ skodelice narezanih breskev (svežih, zamrznjenih ali konzerviranih)

Zmešajte z 1 skodelico zdrobljenega ledu.

BRESKEV DAIQUIRI

1 oz. Captain Morgan Original začinjen rum

¼ oz. breskov šnops

4 oz. zamrznjene pire breskve

3 oz. kisla mešanica

rezina breskve za okras

vejica mete za okras

Zmešajte z zdrobljenim ledom do želene konsistence. Okrasite z rezino breskve in vejico mete.

BRESKVA MELBA

2 oz. Captain Morgan Original začinjen rum

¾ oz. malinov liker

2 oz. mešanica breskovega koktajla

2 polovici breskev (iz pločevinke)

1 oz. polnomastna smetana

malinov sirup ali sveže maline na vrhu

Mešajte z 2 skodelicama zdrobljenega ledu, dokler ni gladka in kremasta. Postrezite v 16 oz. specialno steklo. Prelijemo z malinovim sirupom ali svežimi malinami.

BRESKVIN PUNČ

1/3 oz. Captain Morgan Original začinjen rum

½ oz. breskov šnops

2 oz. mešanica piña colade

4 oz. pomarančni sok

sveža breskev za okras

Mešajte z zdrobljenim ledom, dokler ne zamrzne. Okrasite s svežimi breskvami.

HRUŠKOVI CVET

1½ oz. Tommy Bahama White Sand rum

1 oz. vrhunski pomarančni liker

1½ oz. hruškov sok

1 oz. kisla mešanica

Vsaj 20-krat pretresite z ledom in precedite v ohlajen kozarec za martini. Okrasite s svežo orhidejo.

PELIKAN PUNCH

1½ oz. Admiral Nelsonov malinov rum

½ oz. temni rum

¼ oz. 151-odporni rum

1½ oz. ananasov sok

1½ oz. pomarančni sok

1 oz. sladko in kislo

pomarančna rezina za okras

kolo limone za okras

Zgradite kozarec za orkan nad ledom. Okrasite z rezino pomaranče in kolescem limone.

PIÑA COLADA MARTINI

2 oz. Ananasov rum Cruzan, ohlajen

1 oz. Kokosov rum Cruzan

rezine ananasa za okras

Zmešajte v kozarcu za martini. Okrasite z rezino svežega ananasa.

ANANAS SPLASH

¾ oz. Ananasov rum Captain Morgan Parrot Bay

¾ oz. Kokosov rum Captain Morgan Parrot Bay

4 oz. pomarančni sok

Nalijte v kozarec nad ledom in premešajte.

ANANASOV ZVUK

1½ oz. Appleton Estate V/X jamajški rum

6 oz. ananasov sok

½ žličke limonin sok

Pretresite in nalijte v visok kozarec nad ledom.

ANANAS

1½ oz. Appleton Estate Extra Jamaica rum

6 oz. ananasov sok

sadna rezina za okras

Nalijte v highball ali kozarec Collins nad ledom. Okrasite z zeleno sadno rezino.

ROZA LIMONADA

1¼ oz. Captain Morgan Original začinjen rum

3 oz. brusnični sok

2 oz. klubska soda

sok ¼ limone

limonin zvitek za okras

Prvi dve sestavini nadevajte v kozarec nad ledom. Prelijemo s sodo in limoninim sokom. Okrasite z limoninim zvitkom.

ROZA ORHIDEJA

1¼ oz. Captain Morgan Original začinjen rum

2 oz. brusnični sok

2 oz. ananasov sok

¼ oz. kokosovo kremo

sveža meta za okras

Zmešajte z zdrobljenim ledom. Okrasite s svežo meto.

ROŽNATI PANTER

1¼ oz. Bacardi lahki rum

¾ oz. limonin sok

¾ oz. krema

½ oz. Roseina grenadina

ROZA PLANET

3 oz. Rhum Barbancourt s 3 zvezdicami

2 žlički limetin ali limonin sok

2 oz. beli Dubonnet

Zmešajte s ½ skodelice zdrobljenega ledu in nalijte v kozarec za šampanjec.

PINKY IN KAPITAN

1¼ oz. Captain Morgan Original začinjen rum

5 oz. sok grenivke

del roza grenivke ali kolo limete za okras

Nalijte v kozarec highball nad ledom. Okrasite z roza grenivko ali kolom limete.

PIÑO FRIO

2 oz. Captain Morgan Original začinjen rum

3 oz. (2 rezini) ananasa

1 čajna žlička sladkor

maraskino češnje ali rezine ananasa za okras

Temeljito premešajte z 1 skodelico zdrobljenega ledu in vlijte v 14 oz. steklo. Okrasite s češnjo maraskino ali rezino ananasa.

GUSARSKEGA UDARA

1¾ oz. Rhum Barbancourt

¼ oz. sladki vermut

dash Angostura grenčice

Stresite.

LUČKA ZA KAJALO

2 oz. Captain Morgan Original začinjen rum

2 oz. pomarančni sok

2 oz. ananasov sok

¼ oz. sok limete

¼ oz. limonin sok

1 čajna žlička tablični sladkor

dash grenadine

sadna rezina za okras

Pretresite z ledom in precedite v kozarec highball nad ledom. Okrasite s sadno rezino.

SADILNIK

2 oz. beli ali temni Rhum de Martinique

4 oz. eksotični sadni sok

1/8 oz. trsni sirup

1/8 oz. cimet

1/8 oz. nariban muškatni oreščék

1/8 oz. vanilija

pomarančna rezina za okras

češnja maraskino za okras

Pretresite z ledom. Postrezite na skalah ali naravnost v kozarcu za martini. Okrasite z narezano pomarančo in češnjo maraskino.

PLUS H

1 oz. Bacardi O rum

1 oz. Bacardi Grand melon rum

1 oz. Malibu rum

ananasov sok za polnjenje

ingverjevo pivo splash

Prve tri sestavine nalijemo v kozarec in napolnimo z ananasovim sokom. Prelijemo z ingverjevim pivom.

POINCIANA

1 oz. lahki rum

2 češnji maraskino

1 oz. jabolčni sok

½ oz. grenadin

Pretresite z ledom. Postrezite na skalah.

POMA-MAMA-BU

1½ dela žganja iz granatnega jabolka Hiram Walker

1½ dela tropske banane Malibu

Pretresite z ledom in precedite v ohlajen kozarec za martini ali postrezite na skalah.

PORT ROYAL

1½ oz. Appleton Estate V/X jamajški rum

½ oz. sladki vermut

sok ¼ pomaranče

sok ¼ limete

rezina pomaranče ali limete za okras

Pretresite z ledom in precedite v velik kameni kozarec nad ledenimi kockami. Okrasite z rezino pomaranče ali limete.

PRESIDENTE

1½ oz. Portoriški beli rum

¼ oz. suhi vermut

¾ oz. sladki vermut

splash grenadine

Zmešajte s 6-8 kockami ledu.

PRINCESA MORGAN

¾ oz. Captain Morgan Original začinjen rum

¼ oz. créme de banana

2½ oz. pomarančni sok

2 oz. klubska soda

Prve tri sestavine nalijte v kozarec nad ledom. Mešajte. Dodajte sodo in nežno premešajte.

PROFESOR & MARY ANNE

¾ dela Malibu mango ruma

¼ del bananinega ruma Malibu

½ dela ananasovega soka

PORTORIŠKI RUM KAPUČINO

1½ oz. Portoriški temni rum

1 čajna žlička sladkor v enakih delih:

vroča močna kava

parjeno mleko

stepeno smetano na vrh

cimet po okusu

Prvi dve sestavini nalijte v skodelico in dodajte kavo in mleko. Po vrhu potresemo s stepeno smetano in cimetom.

BUČNA ZAČIMBA

1½ oz. Cruzan mango rum

1½ oz. nadev za bučno pito

1 oz. krema

¼ oz. Monin sirup za medenjake

Pretresemo in precedimo skozi cedilo v izdolbeno mini bučko.

PUNCH ISLANDS

2 žlički sladkorni trs

2 oz. beli Rhum Barbancourt

2 oz. ananasov sok

sok ½ pomaranče

sok ½ limone

soda na vrh

rezina limone za okras

Zmešajte ananasov sok in sladkorni trs, nato dodajte pomarančni in limonin sok. Nalijemo v kozarec in dodamo beli Rhum Barbancourt. Prelijte s sodo in premešajte z žlico. Za konec dodajte ledene kocke in okrasite z rezino limone.

VIJOLIČNA ROSA

1½ oz. Appleton Estate Extra Jamaica rum

3 oz. brusnični sok

1 oz. prozoren sirup

1 oz. modri curacao

1 oz. sok limete

Nalijte v Collinsov kozarec ali kozarec za udarjanje na led.

VIJOLIČNA SPOKETKA

1 oz. Goslingov rum Black Seal

¼ oz. modri curacao

½ oz. sladko in kislo

¼ oz. grenadin

1 oz. ananasov sok

pomarančna rezina ali češnja za okras

Pretresite in precedite v ohlajen kozarec. Okrasite z rezino pomaranče in češnjo.

PIRATSKI UDARK

2 oz. Pyrat XO Reserve rum

sok ½ limete

dash bitters

2 oz. soda voda

poškropite ananasov sok (neobvezno)

brizg grenivkinega soka (neobvezno)

¼ žličke nariban muškatni oreščček

sveže češnje za okras

Prve tri sestavine nežno pretresite nad ledom. Nalijte v kozarec za margarito. Po želji dodamo ananasov in grenivkin sok. Prelijte s soda vodo. Okrasite z muškatnim oreščkom in svežimi češnjami.

PYRAT XO OSVEŽILEC

2 oz. Pyrat XO Reserve rum

tonik za polnjenje

rezina limete za okras

Prelijte led v kozarec z vedro. Okrasite z rezino stisnjene limete.

PIRATOV GREH

½ oz. Pyrat Cask 23 rum

½ oz. Grand Marnier Cent Cinquantenaire

1 kocka sladkorja, namočena z dvema črtama grenčice Angostura

ohlajen šampanjec brut za polnjenje

limonina lupina za okras

rezina jagode za okras

Kocko sladkorja položite v ohlajen kozarec za šampanjec. Dodajte rum Pyrat Cask 23 in Grand Mariner Cent Cinquantenaire. Napolnite s šampanjcem. Okrasite z limonino lupinico in rezino jagode.

ČETRTLUB

1 oz. Portoriški lahki rum

½ oz. Portoriški temni rum

½ oz. kremni šeri

½ oz. sok limete

Stresite.

QUEENS PARK SWIZZLE

1¼ oz. Captain Morgan Original začinjen rum

sok ½ velike limete

½ oz. sladka in kisla mešanica

½ oz. preprost sirup

3 listi mete

Stisnite limeto in vrzite lupino v 14 oz. steklo. Dodajte 1 list mete. Dodajte nariban led in preostale sestavine, razen mete. Mešajte, dokler steklo ni ledeno. Okrasite s preostalimi metinimi listi.

R & B

1¼ oz. Captain Morgan Original začinjen rum

2 oz. pomarančni sok

2 oz. ananasov sok

splash grenadine

Nalijte v kozarec nad ledom.

RACER'S EDGE

1 oz. Bacardi lahki rum

¼ oz. Hiram Walker zelena créme de menthe

grenivkin sok za polnjenje

V visok kozarec, do polovice napolnjen z ledom, nalijte rum Bacardi light. Napolnite z grenivkinim sokom in nanesite créme de menthe.

KOLADA Z MALINAMI

1½ oz. rum

1½ oz. Chambord

3 oz. ananasov sok

1 oz. Coco Lopez prava kokosova krema

Mešajte. Postrezite v visokem kozarcu.

MALIN MRAZ

2 oz. lahki rum

1 oz. Chambord

2 oz. Coco Lopez prava kokosova krema

limetin sok

češnja maraskino za okras

Zmešajte prve štiri sestavine. Okrasite z maraskino češnjo.

MALINA LIMONADA

2 oz. Cruzan malinov rum

2 oz. limonada

rezina limone za okras

Postrezite na skalah. Okrasite z rezino limone.

RDEČA HAVAJSKA

2 oz. RedRum

½ oz. trojna sekunda

3 oz. ananasov sok

1 oz. kokosov sirup ali mleko

¼ oz. grenadin

rezina ananasa za okras

Nalijemo v visok kozarec. Okrasite z rezino ananasa.

RED HOT MAMA

1¼ oz. Srebrni rum Bacardi

4 oz. brusnični sok

2 oz. ohlajena klubska soda

RDEČA RUMBA

2 oz. RedRum

¼ oz. trojna sekunda

3 oz. ananasov sok

1 oz. pomarančni sok

¼ oz. grenadin

½ sveže banane

češnja za okras

Zmešajte z ledom. Postrezite v kozarcu highball in okrasite s češnjami.

REDRUM NA PLAŽI

2 oz. RedRum

1 oz. 7UP

1½ oz. pomarančni sok

½ oz. Grand Marnier

Zmešajte z ledom. Postrezite na ledu.

REDRUM CUNAMI

2 oz. RedRum

5 oz. ananasov sok

½ oz. melonin liker

sveže sadje za okras

Prvi dve sestavini nalijemo v visok kozarec in zmešamo z ledom. Splavite liker iz melone. Okrasite s svežim sadjem in dežnikom.

VICE RDEČI ŽAMET

2 oz. 267 Infuzijski mangov rum

½ oz. 267 brusnična vodka

splash oranžna vodka

rezine pomaranče za okras

Postrezite na skalah z okrasom iz rezin pomaranče.

REGGAE PUNCH

2 oz. Wray & Nephew rum

1 oz. pomarančni sok

2 oz. ananasov sok

½ limete

2 zvrhani žlici. rjavi sladkor

¼ oz. grenadin ali jagodni sirup

Zmešajte prvih pet sestavin na ledu in nalijte v kozarec highball. Prelijemo z grenadino ali jagodnim sirupom.

REZERVIRAJ MAI TAI

1 oz. Whaler's Rare Reserve rum

1 oz. Whaler's Great White rum

1 oz. orgeat sirup

1 oz. sok iz pasijonke

3 oz. pomarančni sok

½ oz. sok limete

maraskino češnje za okras

pomarančna rezina za okras

Dobro pretresite z ledom in nalijtę v ohlajen hurricane kozarec. Okrasite s češnjami maraskino, rezino pomaranče in dežnikom.

RICCO

1 oz. Bacardi rum

½ oz. Grand Marnier

½ oz. sok grenivke

½ oz. pomarančni sok

2 oz. ananasov sok

rezina ananasa za okras

češnja za okras

Pretresite in postrezite v kozarcu Collins. Okrasite z rezino ananasa in češnjo.

RIKI TIKI

2 oz. Whalerjev rum Pineapple Paradise

1 oz. trojna sekunda

3 oz. kisla mešanica

splash klub soda

Prve tri sestavine pretresite z ledom in prelijte s sodo.

KORENINE IN KULTURA

2 oz. Wray & Nephew rum

4 maline

3 jagode

5 borovnic

½ limete

2 zvrhani žlici. rjavi sladkor

Zmešajte sadje in sladkor. Vstavite kozarec highball na zdrobljen led.

KRALJEVSKI DAIQUIRI

1½ oz. Appleton Estate V/X jamajški rum

½ banane

sok ¼ limete

1 čajna žlička sladkor

1 merica zdrobljenega ledu

rezina banane za okras

Zmešajte prvih pet sestavin in postrezite v koktajl kozarcu. Okrasite z rezino banane.

KRALJEVSKI ČAJ

¼ oz. Captain Morgan Original začinjen rum

1 oz. Viski Crown Royal

¼ oz. breskov šnops

kislo mešanico

4 oz. kola

rezina limone za okras

Prve štiri sestavine pretresite z ledom in nalijte v kozarec. Prelijemo s colo. Okrasite z rezino limone.

RUBI REY MANHATTAN

1 oz. rum Ruby Rey

½ oz. Martini & Rossi rdeči vermut

češnja maraskino za okras

Pretresite z zdrobljenim ledom in precedite v kozarec za koktajl. Okrasite z maraskino češnjo.

RUM HOT TODDY

2/3 skodelice Whalerjevega začinjenega ruma

¼ skodelice sladkorja

2 žlici. med

3 skodelice vrele vode

4 cimetove palčke za okras

4 rezine limone za okras

Na manjši krožnik razporedite sladkor. Obrobe 4 skodelic potopite v hladno vodo. Navlažene robove skodelic pomočimo v sladkor. V merilni skodelici za 4 skodelice zmešajte rum in med. Dodajte 3 skodelice vrele vode; premešajte, da se premeša. Hot Toddy razdelite med pripravljene skodelice. Vsako skodelico okrasite s cimetovo palčko in rezino limone.

RUM MLEČNI PUNN

1¾ oz. Rhum Barbancourt

¾ oz. sirup sladkornega trsa

4 oz. mleko

nariban muškatni oreščček za posipanje

Prve tri sestavine zmešajte in nalijte v kozarec. Potresemo z naribanim muškatnim oreščkom.

RUM-RITA

1 oz. Whaler's Great White rum

1 oz. trojna sekunda

1 oz. sok limete

sol za robno steklo

rezina limete za okras

Zmešajte prve tri sestavine z ledom in prelijte led v s soljo obrobljen kozarec za margarito. Okrasite z rezino limete.

RUM TEKAČ

¾ oz. Captain Morgan Original začinjen rum

¼ oz. robidov liker

¼ oz. crème de bananin liker

2 oz. pomarančni sok

½ oz. grenadin

Zmešajte z 1 skodelico zdrobljenega ledu do brozge in nalijte v kozarec.

RUM RUSKI

2 oz. Zlati kavni rum Brinley

1 oz. vodka

3 oz. mleko

Postrezite v visokem kozarcu.

RUM SNATCH

2 oz. Alnwick rum

3 oz. pomarančni sok

¼ oz. Grenadina DeKuyper

¼ oz. sok limete

Grenadin nalijte v kozarec, nato zmešajte rum Alnwick, pomarančni sok in limetin sok ter previdno prelijte čez grenadin. Pred serviranjem ne mešajte.

RUMI KISLO

1¼ oz. Captain Morgan Original začinjen rum

1¾ oz. mešanica limone in limete

Zmešajte z merico zdrobljenega ledu.

RUSKI PEČATNJ

1 oz. Goslingov rum Black Seal

1 oz. Kahlúa

sveže mleko na vrh

Prvi dve sestavini pretresite z ledom in postrezite na skalah. Prelijemo s svežim mlekom.

SANDBAR SMASH

1 oz. Citrusni rum Cruzan

1 oz. Ananasov rum Cruzan

splash malinov liker

2 oz. pomarančni sok

Prve tri sestavine nalijte v kozarec nad ledom in prelijte s pomarančnim sokom.

SAN JUAN KOKTAJL

1½ oz. Bacardi lahki rum

1 oz. sok grenivke

½ oz. limonin ali limetin sok

¼–½ oz. Coco Lopez prava kokosova krema

¼ oz. Bacardi 151 rum

Zmešajte prve štiri sestavine. Float Bacardi 151 rum.

SAN JUAN PRIKOLICO

1½ oz. Bacardi lahki rum

1 oz. limonin ali limetin sok

½ oz. bela crème de menthe

sladkorja na rob stekla

kolo limete za okras

Postrezite v s sladkorjem obrobljenem kozarcu in okrasite s kolescem limete.

SLING SAN JUAN

1½ oz. Portoriški rum

¾ oz. češnjevo žganje

3 oz. sladkana mešanica limon

½ oz. grenadin

Zmešajte prve tri sestavine. Plovna grenadina.

BOŽIČKOVA SKRIVNA OMAKA

1 oz. VooDoo začinjen rum

1 oz. vodka

1 oz. Cointreau

5 oz. jajčni liker

nariban muškatni oreščček na vrh

Segrejte jajčni liker in ga v vrčku zmešajte z VooDoo začinjenim rumom, vodko in Cointreaujem. Vrh potresemo z muškatnim oreščkom.

ŠKORPIJON

1 oz. lahki rum

½ oz. žganje

½ oz. gin

1 oz. sladka in kisla mešanica

2 oz. pomarančni sok

dash white crème de menthe

dash bitters

1 oz. belo vino

Zmešajte prvih sedem sestavin. Lebdeče belo vino. Okrasite z orhidejo.

SKRIČNA SODA

1¼ oz. Captain Morgan Original začinjen rum

5 oz. limonino-limetina soda

rezina limone za okras

rezina limete za okras

Postrezite na skalah. Okrasite z rezinami limone in limete.

SKRIVNO MESTO

1½ oz. Portoriški temni rum

½ oz. češnjevo žganje

2 žlički temna kakavova krema

4 oz. hladna kava

Premešamo z zdrobljenim ledom.

SEX NA BARBADOSU (RECEPT ZA ZABAVO)

8 oz. Admiral Nelsonov malinov rum

8 oz. Arrow breskev žganje

8 oz. Arrow melon liker

8 oz. Arrow malinov liker

1½ qt ananasov sok

1½ qt brusnični sok

Zmešajte prve štiri sestavine v velikem vrču ali skledi za punč. Dodajte led in napolnite z ananasovim in brusničnim sokom. Naredi 1 galono punča.

SEX NA LADIJI

1 oz. Captain Morgan Original začinjen rum

¼ oz. créme de banana

4½ oz. pomarančni sok

Zmešajte z merico zdrobljenega ledu.

SHILLELAGH

1 oz. Captain Morgan Original začinjen rum

½ oz. zelena créme de menthe

2 oz. sladka in kisla mešanica

zelena češnja za okras

Nalijte v kozarec za pilsner nad ledom. Okrasite z zeleno češnjo.

BRODOLOM

1½ oz. Admiral Nelson's Premium začinjen rum

2 oz. pomarančni sok

2 oz. ananasov sok

poškropite brusnični sok

pomarančna rezina za okras

Zmešajte in postrezite na ledu. Okrasite z rezino pomaranče.

LADIJSKI ZDRAVNIK

2 oz. Admiral Nelson's Premium vaniljev rum

1 oz. Arrow amaretto

8 oz. Dr. Pepper

Zmešajte v visokem kozarcu nad ledom.

LADIJSKI SODOBNIK

1 oz. temni jamajški rum

½ oz. bela kakavova krema

½ oz. bela crème de menthe

½ oz. sladki vermut

Pretresite z ledom. Postrezite v ohlajenem kozarcu za martini.

ZVEZDA STRALKA

2 oz. Afriški rum Starr

¾ oz. preprost sirup

3 kosi črnega grozdja brez pečk

½ limone

8 listov mete

Zmešajte limono, meto in grozdje v preprost sirup. Dodajte afriški rum Starr in zdrobljen led. Pretresite in nalijte v kozarec rocks.

SHOWTUNE

1 oz. Captain Morgan Original začinjen rum

¼ oz. amaretto

3 oz. sok grenivke

1 čajna žlička grenadin

2 oz. klubska soda

Prve štiri sestavine premešajte v kozarcu nad ledom. Dodajte sodo in nežno premešajte.

CPSIA information can be obtained
at www.ICGtesting.com
Printed in the USA
LVHW040610201222
735554LV00012B/465

9 781837 527113